SABER SER RESPONSABLE

Por el hecho de vivir en sociedad, crecemos
y nos desarrollamos sobre la base de objetivos
comunes, como la convivencia y el bienestar.
Las libertades de las que gozamos van acompañadas
de los deberes que, desde niños, vamos asumiendo.
¿Cómo? A través de la responsabilidad. Desde
la más humilde tarea hasta la más compleja,
todas tienen sus consecuencias. Y de la responsabilidad
con que las hagamos depende que sean beneficiosas
para nosotros y para quienes nos rodean.
Cuando somos responsables, logramos algo
muy preciado: la confianza en nosotros
mismos y la que nos otorgan los demás.
¡Qué importante es esto!

*La responsabilidad va más
allá de lo que la obligación exige.*

Anónimo

Seres responsables
se necesitan

No es lo mismo decir que alguien tiene una responsabilidad a su cargo, que decir que ejerce su tarea con responsabilidad. Cuando se indica que una persona es responsable de una institución o de una oficina o de un comercio, se quiere decir que tiene la obligación de responder por esa institución, oficina o comercio, pero no significa necesariamente que sea una persona responsable; puede asumir bien o mal esa responsabilidad.

Ser responsable es tener conciencia de las obligaciones propias. Es actuar cumpliendo con ellas por convicción y no simplemente porque sean obligaciones, sentidas como una carga, sino disfrutando de la satisfacción del deber cumplido. Es por esto que la persona responsable generalmente hace más de lo que sus obligaciones le exigen. Una persona responsable sabe que, sean sencillas o complejas, todas las actividades deben realizarse responsablemente. No sólo del acierto del médi-co dependen vidas humanas; una instalación de gas deficiente puede ocasionar tanto daño como un mal diagnóstico...

Cada uno de nosotros cumple una función en la sociedad: en su país, en su ciudad, en su comunidad, en su familia; y esa función es importante para todos. Cuando tomamos un medicamento, vamos a la escuela, nos alimentamos, cruzamos una calle, viajamos en autobús, en barco o en avión, no hacemos más que depositar nuestra confianza en la responsabilidad de muchísimos seres humanos que hacen los trabajos más variados. Cuando realicemos una tarea, pensemos que los demás confían en que la llevaremos a cabo responsablemente.

Las personas no somos seres solitarios: necesitamos vivir en comunidad; la existencia de cada uno depende del conjunto de la sociedad y a la vez la sociedad no puede prescindir de la participación responsable de cada integrante.

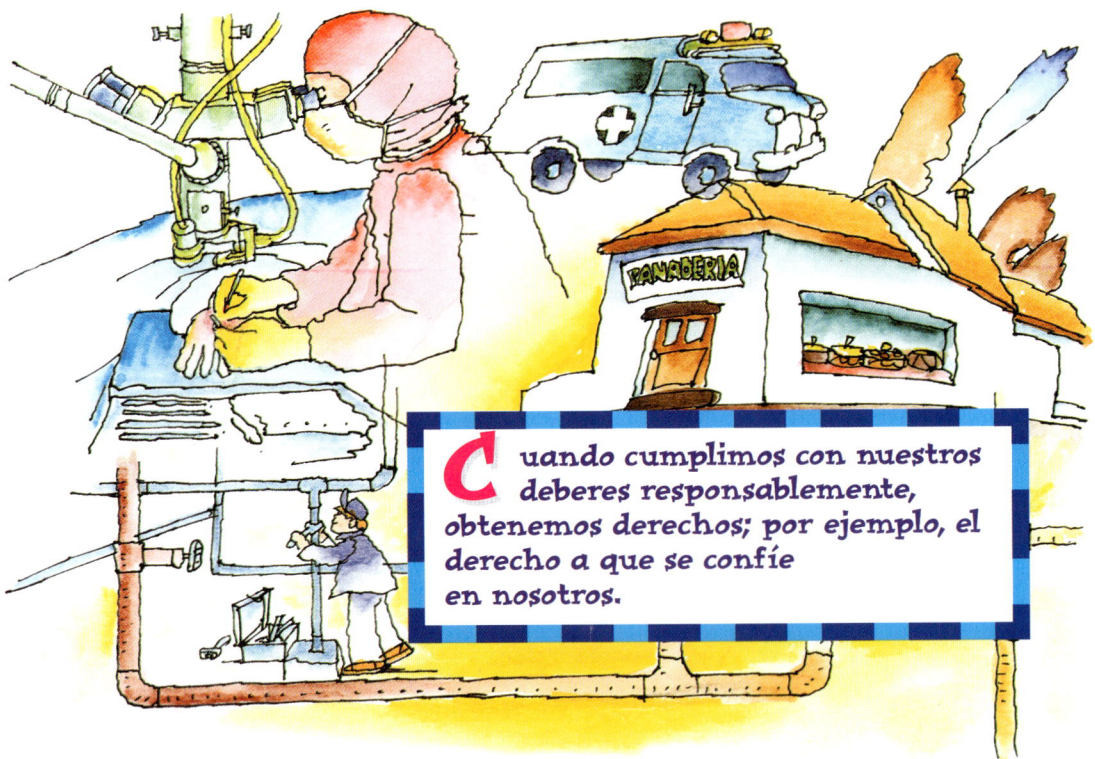

Cuando cumplimos con nuestros deberes responsablemente, obtenemos derechos; por ejemplo, el derecho a que se confíe en nosotros.

El amor a la vida propia y a la de los demás

A medida que crecemos vamos asumiendo pequeñas responsabilidades que nos preparan para otras mayores. Cuando por primera vez nos encargaron tender la mesa, quizá consideramos que era una tarea insignificante. Pero, cuando comenzamos a realizarla, seguramente tuvo una gran importancia para nosotros: aprendimos a hacernos cargo, solos, de una tarea y (algo no menos importante) aprendimos que nuestras responsabilidades están relacionadas con las de los demás.

Cuando trabajamos en equipo en la escuela o practicamos un deporte, quizá no tenemos conciencia de que aprendimos a hacerlo gracias a las pequeñas responsabilidades que empezamos a asumir cuando éramos todavía muy pequeños.

Pero no sólo debemos ser responsables en nuestra relación con los demás. Desde los primeros años de nuestra vida comenzamos a ser responsables frente a nosotros mismos. Que aprendamos a serlo es una de las preocupaciones fundamentales de nuestros padres.

Cuando nos cepillamos los dientes, nos abrigamos, o organizamos nuestro tiempo para estudiar, practicar deportes, jugar y descansar, en todos estos casos cuidamos la salud de nuestro cuerpo; por lo tanto, tenemos una actitud responsable hacia nosotros mismos.

El amor a la vida propia y a la de los demás empieza por saber cuidarla con sentido de la responsabilidad.

Una conducta responsable es premiada con el respeto de quienes nos rodean y con nuestra satisfacción por el deber cumplido. Las personas responsables no sienten que cumplir con sus obligaciones sea una carga, porque están convencidas de que es lo que corresponde hacer.

Seamos habitantes responsables del planeta

Hace algún tiempo, en Florida, Estados Unidos, todos los habitantes de un pueblo debieron abandonar sus casas a toda prisa al advertir que el pueblo comenzaba a… ¡hundirse! Y, efectivamente, se hundió. Todas las casas quedaron destruidas; por fortuna no hubo víctimas fatales, pero las pérdidas económicas fueron enormes. Nadie comprendía nada; lo sucedido parecía más bien parte de una película del género "catástrofe". Acudieron geólogos e ingenieros y descubrieron la causa del infortunado suceso: el pueblo se había abastecido de agua, durante mucho tiempo, extrayéndola de una enorme napa ubicada en el subsuelo. Hasta que el agua se agotó y el lugar que ocupaba quedó vacío. El lecho rocoso cedió y se produjo la catástrofe.

Nadie había consultado con un especialista antes de extraer el agua de ese lugar. La decisión se había tomado creyendo que se podían explotar todos los recursos naturales. Pero, en realidad, hay que saber cómo y cuánto, puesto que la naturaleza también tiene sus límites, que no debemos traspasar. Debemos ser responsables de nuestra gran casa, la Tierra, porque de su cuidado dependen la vida y el bienestar de todos. La tala y la caza indiscriminadas, por ejemplo, constituyen un aprovechamiento inmediato de las riquezas del planeta, que, a la larga, causan más pérdidas que beneficios.

Nuestro "planeta pequeño", la ciudad en la que vivimos, también debe ser tratada con responsabilidad por todos sus habitantes. Cuando nos esforzamos por mantenerla limpia y respetamos las señalizaciones o evitamos el derroche de energía, asumimos una actitud de responsabilidad hacia nuestro "planeta pequeño", y hacia nuestro ámbito cotidiano.

Huang Ti

El gran emperador Tsu Chu deseó, un día, tener la imagen de un gallo para adornar su cámara, puesto que en su palacio, que contenía todas las maravillas del mundo, faltaba la lujosa belleza de este animal. Sólo un gran artista podría fijar en el papel la imagen de un gallo de insuperable hermosura.

Se le encomendó la tarea a un artista del palacio, pero su dibujo no contentó al Emperador. Uno a uno, los artistas de la corte presentaron sus trabajos, pero todos fueron rechazados.

Llegó a oídos del Emperador la existencia, en una provincia lejana, de un anciano pintor, famoso tanto por su maestría como por su modestia. Se lo convocó al palacio para comunicarle el deseo de Tsu Chu.

Huang Ti dijo que aceptaba el honroso encargo de Su Alteza Imperial, que tantos y tan grandes maestros no habían podido satisfacer, con una sola y humilde condición: que le concedieran cinco años para presentar su obra.

El Emperador Tsu Chu aceptó la condición, aunque pensó que se originaba en el temor de Huang Ti de no poder cumplir con lo encomendado.

Pasaron cinco años... Cuando Su Majestad serenísima supo que había llegado el día, se presentó con su cortejo en casa de Huang Ti. El artista tomó un pincel, tinta y un papel blanco y, ante la mirada del emperador, efectuó tres suaves y brevísimos trazos, de los cuales surgió el gallo que permanecería para siempre en la morada imperial... Casi se percibió la cólera en la voz del Emperador:

–Huang Ti, aunque tu dibujo es incomparable, cinco años hiciste esperar a mi deseo cuando podías hacer el dibujo en sólo un instante...

El anciano artista rogó humildemente al Emperador que lo siguiera al cuarto vecino. Ahí, en el suelo, sobre la mesa, en las paredes, se hallaban amontonados cientos y cientos de dibujos de gallos.

–Su Majestad –dijo Huang Ti–, cinco años necesitó mi mano para encontrar los pocos trazos necesarios para dibujar un gallo...

–En eso te equivocas, maestro –dijo Tsu Chu–: no has dibujado un gallo, has dibujado *el gallo*.

Así fue como Huang Ti recibió todos los honores dignos de un gran artista del imperio.

A veces, en las obras más grandes o más bellas, no resultan evidentes todo el esfuerzo y toda la responsabilidad que fueron necesarios para crearlas. No por eso son menos meritorias.

El uso de los descubrimientos científicos

La ciencia, en su constante afán por investigar y modificar la naturaleza en provecho del hombre, realiza descubrimientos y posibilita inventos que pueden ser usados tanto en beneficio como en perjuicio de la humanidad. La dinamita puede ser utilizada para sesgar vidas o para extraer minerales; los aviones pueden transportar pasajeros o llevar bombas. Las radiaciones atómicas son utilizadas por la medicina para diagnósticos y análisis, y la energía atómica –ese discutido descubrimiento de nuestro siglo– es utilizada por la ingeniería como fuente de energía. Encontrar nuevas aplicaciones pacíficas para estos hallazgos científicos es hoy tarea de muchos hombres de ciencia y técnicos de todo el mundo.

Sin embargo la desintegración del átomo también puede ser usada con fines insensatos como la fabricación de armas atómicas.

Para que no le suceda lo mismo que al aprendiz de hechicero –que no pudo detener las escobas embrujadas ni partiéndolas a hachazos, ya que se multiplicaban–, el hombre necesita meditar sobre las consecuencias de las fuerzas que desata. Y tal vez hoy, más que nunca, esta meditación sea la más alta responsabilidad que debe asumir, puesto que está en juego la vida misma del planeta.

Máxima responsabilidad: la subsistencia del planeta

Las potencias nucleares tienen una enorme responsabilidad, por el hecho de contar con armas que pueden destruir varias veces nuestro planeta y todas sus formas de vida. Es necesario que esas naciones tengan dirigentes responsables que escuchen el clamor de todos los pueblos del mundo y no sigan desarrollando el arsenal atómico, en cumplimiento de los convenios que algún día permitirán eliminarlo. Si se produjera una guerra nuclear, se caería en la irresponsabilidad máxima cometida por los seres humanos, ya que las consecuencias las pagarían todos los seres vivos del planeta.

La vida en comunidad requiere que todos podamos confiar en la responsabilidad de los demás, desde los obreros más humildes hasta los dirigentes de la nación más poderosa. Por eso, debemos pensar siempre que el resto de la sociedad espera de nosotros una participación responsable, en la que nos brindemos aún más allá de nuestras obligaciones.

Responsabilidad hacia la humanidad: El origen de la Cruz Roja

Juan Enrique Dunant, un banquero suizo, se hallaba en Crimea cuando Rusia declaró la guerra a Turquía. Dunant se acercó al teatro de operaciones y quedó impactado por tanta muerte y dolor. Pero también vio algo que lo impresionó gratamente: una dama inglesa, Florence Nightingale, recorría los campos de batalla atendiendo a los heridos de uno y otro bando, como si la vida de cada uno de ellos fuese su responsabilidad.

Con el tiempo, fue madurando en el espíritu de Durant la idea de hacerse cargo de esa responsabilidad, sobre todo cuando, años después, fue testigo de otra lucha: la batalla de Solferino, entre italianos y austríacos. Narró todo el horror que había visto, en un libro que se convirtió en un éxito editorial. Y, aprovechando la notoriedad lograda, reclamó públicamente el reconocimiento de la neutralidad para todos los heridos de guerra. Esto posibilitó el nacimiento de la Cruz Roja Internacional, en la Convención de Ginebra de 1864. Esta benemérita institución parte del principio de que la defensa de la vida es una de las responsabilidades mayores de nuestra civilización.

Recordemos juntos algunos conceptos sobre la responsabilidad...

La vida en todas sus formas es también nuestra responsabilidad.

Ser responsable es medir las consecuencias de nuestros actos para evitar todo daño.

Las pequeñas responsabilidades nos preparan para asumir otras mayores.

El amor a la vida propia y a la de los demás empieza por su cuidado.

La satisfacción del deber cumplido es el mejor premio para una actuación responsable.

Si somos responsables, nos hacemos acreedores a la confianza de los demás.

Nuestra responsabilidad alcanza no sólo a los demás, sino a la naturaleza toda.

Las actitudes responsables benefician a todos.

La solidaridad es una forma de sentirse responsable frente a los problemas de los demás.

La responsabilidad es un valor moral esencial.

¿Qué frase agregarías a este ramillete?

Los zánganos en la colmena

(CUENTO)

Cansadas de trabajar día y noche sin parar, las abejas creyeron que su colmena funcionaría mejor si cobraban impuestos. Organizaron entonces –porque las abejas son muy responsables para todo– una gran reunión para fijar la cantidad de miel que cada una aportaría. De esta manera podrían arreglar los panales de miel, pintar las paredes, celebrar grandes fiestas e incluso tapar las grandes goteras del techo que tanto molestaban.

Ya estaba todo casi listo y decidido cuando a una abejita perspicaz se le ocurrió preguntar:
–Pero… ¿quién va cobrar los impuestos? ¿si todas estamos trabajando todo el día?
–Es verdad, contestaron todas a la vez.

Las voces de discusión se empezaron a sumar; ninguna quería hacer ese trabajo:
–Tengo mucho que hacer – dijo una.
–Yo no puedo dejar mis tareas– dijo otra.
–Mi hijita tiene que ir al colegio– dijo otra más.
–Tengo que hacer la comida– dijo una cuarta.

Hasta que de repente todas se callaron y se pudo escuchar unas pequeñas risas en el fondo del panal: eran los zánganos que estaban jugando a la pelota y tomando refrescos. No les puedo explicar la furia que les dio a las abejas, todas se enojaron muchísimo. Ya los iban a agarrar de las antenas, cuando a la abeja reina se le ocurrió una idea:
–Ya que son ociosos y no quieren trabajar, entonces pueden cobrar los impuestos y de esta manera pagar su haraganería.

Los zánganos aceptaron gustosos y de buena gana, ya que era trabajo liviano y les permitía (en los ratos libres) seguir jugando a la pelota.

Todo funcionaba bien hasta que un día, los zánganos empezaron a descuidar poco a poco su trabajo: uno faltaba, otro se quedaba dormido y otro se escapaba a jugar a la pelota con sus amigos los grillos. Y eso no era lo peor; cuando uno faltaba, llamaba a un amigo para que lo reemplazara y a su vez, ese otro amigo no iba, y llamaba a otro, y así.

Poco a poco, esta situación aumentó el número de los zánganos cobradores, consiguiendo así reunir una cantidad tan considerable de ociosos, que hubo que aumentar los mismos impuestos para pagarles a todos el sueldo (que, por supuesto, al ser tantos no alcanzaba ¡ni toda la miel de dos colmenas enteras!).

Cuando las abejas se dieron cuenta del lío que se había armado, se pusieron blancas, después negras y por último rosas de furia ante tanta falta de responsabilidad. No lo podían creer.

Fue entonces que la abeja reina decretó la inmediata expulsión de los zánganos de la colmena. Hubo muchos llantos y los zánganos preguntaron angustiados qué iba a ser de ellos. Una vez en la calle, las abejas les contestaron: –¡Hagan miel, pues, ustedes también!.

Adaptación de fábula tradicional argentina.

Para pensar y recordar

Si te detienes a observar los seres y las cosas que te rodean, comprobarás que todos cumplen su función, que no hay nada inútil. Desde el pequeño insecto que avanza a ras del piso transportando alimento hacia su escondrijo, hasta las estrellas que se mueven en el firmamento siguiendo la ruta trazada por la mecánica celeste. Todos a su manera trabajan. Todos parecen responder a una ley universal. En el caso del hombre, su tarea es necesaria para él y para la sociedad. Cada una de sus acciones pasa a sumarse a las de otros hombres, y de esa tarea en común solidaria y responsable depende el futuro de la humanidad. ¿Quién mejor que un poeta para expresar esto?

Las gotas de agua

La primera gota de agua
que cayó sobre la roca,
se deslizó y fue a
perderse silenciosa.
Siguiendo el mismo camino
cayó la segunda gota...,
y vino otra y otra...; y, lentas,
las gotas resbalaban en la roca.
El surco es ya una caverna
que a la ardua roca devora.
¿Cuál ha sido la más fuerte
y potente de las gotas?
No ha sido, no, la primera,
ni la segunda, ni la otra:
fueron todas.

Apeles Mestre (poeta catalán)

actividades

Para reflexionar, debatir, expresarse, crear...
y construir un mundo mejor entre todos.

¿ VERDADERO O FALSO?

• Reúnanse en grupo y –de acuerdo con lo que ustedes entienden por "responsabilidad"– señalen cuáles de las siguientes afirmaciones son verdaderas (V) o falsas (F), fundamentando sus opiniones:

Actuamos con responsabilidad cuando sabemos lo que hay que hacer y...	V	F
.. lo hacemos por propia decisión.		
... buscamos excusas para no hacerlo.		
... lo hacemos de mala gana, protestando.		
... lo hacemos ante la exigencia de los demás.		
... lo hacemos para nuestra propia satisfacción.		
... lo hacemos lo mejor posible, aunque nos demande gran esfuerzo.		
... lo dejamos para otro momento (que puede no llegar nunca).		
... lo hacemos voluntariamente y de la mejor manera.		
... lo intentamos pero renunciamos ante la menor dificultad.		
... esperamos a que otros lo hagan por nosotros.		

• Una vez que todos hayan completado el cuadro, compartan las opiniones de su grupo con las de otros grupos.

SOPA DE LETRAS

En esta sopa de letras busquen siete valores morales que nos ayudan a no renunciar ante las dificultades y a hacer todo para vencerlas. En forma grupal confeccionen carteles con frases que expresen mensajes positivos relacionados con la "responsabilidad" y reflexionen sobre ellos.

C	J	M	K	K	I	D	U	V	U	B	P	I	Z	K
H	O	K	F	F	I	J	A	I	V	O	D	I	X	D
T	B	U	W	L	O	N	V	G	B	P	T	H	Y	M
J	K	F	B	G	Y	Ñ	F	V	W	N	K	Ñ	Z	
T	A	E	F	Q	H	F	G	Q	F	A	C	A	S	Y
G	K	Q	V	O	L	U	N	T	A	D	N	Q	W	A
I	R	C	H	W	R	K	F	A	L	E	G	R	Í	A
J	O	H	Ñ	Q	E	H	V	H	M	C	P	B	Ñ	A
D	F	O	R	T	A	L	E	Z	A	Ñ	Ñ	S	V	P
O	P	T	I	M	I	S	M	O	I	X	G	U	K	R
C	O	N	S	T	A	N	C	I	A	A	S	X	M	R
P	E	R	S	E	V	E	R	A	N	C	I	A	O	R
E	S	F	U	E	R	Z	O	K	T	H	V	S	N	Ñ
Q	Ñ	Z	M	D	U	F	K	X	H	R	E	N	A	N
F	D	C	L	H	J	H	T	F	M	P	P	U	S	J

Voluntad   Alegría
Perseverancia   Fortaleza
Optimismo   Constancia
Esfuerzo

HACEMOS CARTELES

Luego, pueden realizar una exposición y distinguir a los mejores, según el criterio de la mayoría.

"Si ponemos
el corazón
en lo que hacemos,
nuestro esfuerzo
será aceptado."

"Quien actúa con
responsabilidad hace
lo que debe con alegría,
aunque le cueste."

"La satisfacción
ante el propio esfuerzo
es el más maravilloso
de los aplausos."

- la directora
- la secretaria
- la maestra
- la bibliotecaria
- un integrante
  del personal de
  maestranza

Formulen sus preguntas con claridad para indagar: cuáles son las responsabilidades específicas de estas personas, qué esperan de ustedes, qué les recomiendan para hacer más fructífero y agradable el paso de ustedes por la escuela, etc. Luego, intercambien con otros grupos la información recogida y reflexionen sobre las conductas que cada uno de ustedes puede desarrollar para colaborar con la escuela y sus integrantes.

CONDUCTAS RESPONSABLES EN LA ESCUELA

La escuela es el ámbito en donde cada uno aprende a actuar por sí mismo, asumiendo así sus deberes de estudiante, cumpliendo las normas de la institución, respetando a sus maestros y compañeros y cuidando las instalaciones, los muebles, los útiles y los materiales de trabajo.

- Les proponemos dialogar sobre esto en forma grupal y –entre todos– pensar sobre conductas positivas para la escuela y la convivencia dentro del grupo.

CUIDADO DEL CUERPO Y LA SALUD

Una de las máximas responsabilidades que tiene cada uno es cuidar su propio cuerpo, desarrollando hábitos y conductas de higiene que favorezcan la salud y mejoren el aspecto personal.

REALIZAMOS UNA ENTREVISTA

Se dividen en grupos y cada uno elige realizar una entrevista a alguno de los siguientes miembros de la escuela:

- Formulen una lista de acciones saludables; indiquen si las cumplen: siempre (⚫), a veces (😊), de mala gana y protestando (☹), y en qué aspectos pueden mejorarlas.

ACCIONES SALUDABLES	LAS CUMPLO	EN QUÉ PUEDO MEJORAR
Limpiarme los dientes al levantarme y al acostarme.		
Ducharme diariamente.		
Lavarme la cara, las orejas, el cuello, cada mañana.		
Ventilar el cuarto a diario.		
Ducharme y cambiarme la ropa después de realizar actividades deportivas que exigen un esfuerzo físico.		
Usar el cabello prolijo y peinado.		
Lavarme las manos y cepillarme las uñas antes de cada comida.		

OPINAMOS

Les proponemos que reflexionen sobre las siguientes actitudes e indiquen con cuáles están de acuerdo (😊), y con cuáles no (☹), fundamentando su opinión:

Levantarse de la cama al primer llamado.	
No atender las indicaciones del semáforo para cruzar la calle.	
Ayudar a la mamá a recoger la ropa tendida y ofrecerse a doblarla prolijamente.	
Después de la ducha, preocuparse que el baño quede impecable.	
Desentenderse de ordenar el cuarto y los útiles.	
No cumplir con el trabajo de equipo que se había comprometido a realizar.	
Diariamente, organizar los útiles y la ropa que vamos a necesitar para el día siguiente.	

Gastar en golosinas el dinero que se llevaba para comprar materiales de trabajo.	
Devolver lo que le prestaron sin que nadie se lo recuerde y agradecer el favor recibido.	
Avisar a los padres si algo no funciona bien en la casa.	
Apagar las luces cuando no es necesario que estén encendidas.	
Derrochar el agua.	
Dejar los juguetes, los útiles escolares y la ropa en cualquier parte de la casa.	
Llegar con puntualidad a la hora convenida.	
Cumplir con las tareas del colegio, aun si se faltó a clase, informándose acerca de los "deberes" que dio la maestra.	

"SIEMPRE-SIEMPRE"

- Colaborar con mamá y papá en todo lo que esté a nuestro alcance.
- Atender el teléfono con cortesía.
- Cuidar y valorar los útiles, la ropa, el calzado, los juguetes y todos los elementos que nuestros padres nos brindan.
- Cumplir con aplicación y empeño las tareas escolares, organizándonos para evitar apuros y olvidos.

LOS "SIEMPRE-SIEMPRE"

Dialoguen entre ustedes y con sus padres y hermanos sobre las conductas positivas que pueden desarrollar en el hogar y sobre las conductas negativas que son propias de los irresponsables.

Luego, a partir de ese diálogo, formulen una lista de los "SIEMPRE-SIEMPRE" que van a cumplir responsablemente, y otra de los inaceptables "NUNCA-NUNCA".

Aquí van algunas sugerencias, a modo de ejemplo. Pero la idea es que ustedes mismos los formulen y periódicamente los revisen (repasando su cumplimiento y los aspectos en que pueden mejorar), los modifiquen y los amplíen a medida que van creciendo. ¿De acuerdo?

"NUNCA-NUNCA"

- Dejar de saludarnos con un beso, deseándonos "¡Buen día!", "¡Buenas noches!", etc.
- Despreciar la comida que nos sirven.
- Reclamar más de lo que tenemos y de lo que nos pueden dar.
- Dejarnos llevar por los caprichos.
- Reaccionar con intolerancia, egoísmo o violencia.

ÚLTIMA REFLEXIÓN

¿Podríamos vivir en un mundo donde reinen la irresponsabilidad y la falta de compromiso? ¡No, por supuesto!

Si cada uno de nosotros se cruzara de brazos creyendo que su acción no servirá para nada, se perdería la suma de acciones que –a lo largo de la historia– dieron lugar al conocimiento científico, a las cualidades humanas, a los valores éticos, a la convivencia.

Es imprescindible que cada uno de nosotros realice su tarea responsablemente. Sólo así, colaborando en el bien común, nos desarrollaremos realmente como personas.